Sonne, Mund und Sterben

Julius Kirchner

SONNE, MUND UND STERBEN

Eine lyrische Komödie

INHALT

VORWORT

Mach seinen Mund auf
In diesen erbärmlichen Träumen
Es ist Zeit für meine Sonne
In deiner umnachteten Welt
Denn ohne spritzt nunmal kein Tau

ERSTE SZENE

DIE ZEIT

Es ist fast Elfenzeit
Muss ich jetzt sprechen?
Weh mir!
Ich habe einen Traum gehabt
Der Mann im Mond zu sein.
O Nacht, o Nacht,
Was für Maskenspiele, was für Tänze
Um die Mondstrahlen,
Angeführt von einem Trompeter
In die Tiefe hinein.
Das bestirnte Himmelszelt,
Die wilde Plage eines Traumes.
Glaub mir,
Dies ist das albernste Zeug
Und derselbe Tau,
Sobald du erwachst.
Mondschein geht ab!
Du dunkle Nacht,
Oh wie ich dich liebe!
Verstimmt und traurig
Bin ich dir immer treu.
Doch damit gut.

Ein Liebhaber,
Der deine Reize geschaffen hat,
Hat kein solches Herz wie du.
Schabernack,
Heute sehr schuljungenhaft
Zu winziger Gestalt verkleinert.
Bist du sicher, dass wir wach sind?
Die verkehrte Welt und das Spiel im Spiel
Hält einer näheren Prüfung nicht stand.
Kein Mensch kann sagen was.
Wie kommt es?
Alles nur als einen Traum betrachten.
Wie fühlst du dich,
Schwache Lieder zu singen,
Noch vor Tagesanbruch?
Doch wie auch immer...
        Erdolcht sich
Doch leb Wohl;
Leb wohl.

NÄCHSTE SZENE

DIE NACHT
Eigentlich wollte ich
Ein neues Miteinander.

Doch nicht so;
Er kam nicht.
Der Grund
Gab keine Antwort
Nie
Und nie mehr.
Ich fühlte Tränen aufsteigen
Und weinte
So viel Jahre lang
Und dabei war ich es.
Dann eines Tages
In einer jähen Regung des Entsetzens
Fühlte mich merkwürdig froh und erleichtert:
Das war ich.
Nun lachte auch ich
In das bronzefarbene Gesicht
Auch das verstand ich nicht.
Widersprüchliche Empfindungen.
Doch mach Platz,
Schick die Melancholie weg
In den folgenden Zeilen,
Wenn die ganze Welt hier ist.
Ein Staubkorn wird den Ausschlag geben
Und eine Jungfrau.
Ich bin dein,

Ob du willst oder nicht –
Folge meiner Stimme,
wenn ich fort bin.

NÄCHSTE SZENE

DER TAU

Verflucht seien deine
Wunderdinge.
Nicht wahr,
Ich bin ein Mann
Ohne Zweifel
Amen, Amen!
Frei von Liebe, doch
Halt dein Versprechen!
Ich hätte lieber
Wie Wildgänse
Doch lustigere Tränen.

DIE NACHT

Wenn du mich also liebst,
Gib acht!
Dinge, die wachsen, sind nicht reif.
Und sieh zu,
Was Seelen verknüpft und Liebe.

DER TAU

Weich nicht zurück,
Wenn wir Anstoß erregen,
Die süßesten Sachen,
Deutlich zu machen,
Besonders reine Luft zu atmen.
Es kann nicht anders sein,
Wo du doch weißst,
Dass jedermanns Herz höher schlagen soll
im Parallelismus.

DIE NACHT

Süßer Sommerknospen,
Eine höchst schreckliche Sache!
Es ist wahr,
Dann sind wir wach
Und Krähen geworden.

NÄCHSTE SZENE

DER TRAUM

Wohin wanderst du?

DER MUND

Durch den Wald bin ich gestreift
Auf und ab, auf und ab, auf und ab
Flüchtig wie ein Schatten,

Hüpfe so leicht wie ein Vogel.
Tief im Schlaf
In eine Nachtigall verwandelt,
Schnell die Zeit verträumen.
Ich muss hier einige Tautropfen
Um den Verstand bringen,
Denn ich möchte
Weg von hier,
Von diesem Ort entfliehen.

DER TRAUM

Wohin sollen wir gehen?

DER MUND

Ich will fort,
Den Erdball bald umkreisen,
Unsere alte Liebe auseinanderreißen –
Wenn mein Stichwort kommt
Weine ich
Bei Tageslicht
Oder für immer.

DER TRAUM

Ich werde dir folgen
Ein Liebhaber oder ein Tyrann.
Ich bin erstaunlich behaart
Der Länge nach
Denn ich bin langsam.

DER MUND

Lass mich gehen
Zum pfeifenden Wind,
Verfolg mich
Durch Dornen.
Mach dir keine Sorgen
Jetzt ist alles gut.
Alles, was ich zu reden habe,
Überlasse ich dir,
Solange es zumutbar bleibt.

NÄCHSTE SZENE

DIE WELT

Ich will sofort bei dir sein
Auf einem Steinblock im Wasser
Mondbeschienenen Wasser.
Dort eine lange Zeit
Nachmittags im hohen Sommer
Da liegt mein Geliebter
Und reizt mich immer
„Komm Feigling, komm!
Wie schön du bist
So totenbleich, so schrecklich."

DIE SONNE

Zehn Jahre später,
Noch immer
Ich liebe dich; bei meinem Leben!
Leidenschaftsausbruch
Auf dem jungfräulichen Dornenstrauch
Und leuchtende Perlen auf den Knospen.

DIE WELT

Schweiß verloren,
Versinke in seinem Augapfel.
Will meinen Kopf an diesen
Dunklen Brauen
Seines Traumgesichts...
Will ich mich hängen lassen,
In feiner Verzückung rollend,
Das Schwert gezogen und bereit.

DIE SONNE

Der Blasebalkflicker
Heult den Mond an;
Komm setz dich auf...
Nah an mich,
Färbe meine Brust
Mit roten Hüften.

DIE WELT

Die hohen Primeln

Verführerisch wachsen,
Fest wie Stahl
Höher als
Ein törichtes Herz.
Doch was will das besagen,
Wenn ich einmal diesen Saft habe?
Oh, ich bin außer Atem
Auf der Blockflöte,
Er weiss nicht, wo er anhalten soll.
Gut, mach weiter.
Liebe nach den Augen,
Küss mich durch das Loch,
Kreuz und quer
Wie es Männer tun können.

DIE SONNE

Süßer Geliebter,
Wo bist du jetzt?
Was hast du angerichtet?

DIE WELT

Ich bin nicht draußen
Aber irgendeine höhere Gewalt ist es.
Deine Hände sind schneller als meine.

DIE SONNE

So komm zur Sache,
Jetzt will ich zur Ritze,

Lass dich erweichen.
In Erwartung deines Angebots,
Will dich in einer anderen Tonart...
Ich bitte doch bloß um
Eine Verbeugung
Und zitternde Stöße.

DIE WELT

Schwerpunkt des Handwerkerspiels,
Ein burlesker Volkstanz
Mit flüssiger Perle,
Solche Kraft und gesegnete Gewalt.

DIE SONNE

Ich komme ohne Zögern.
Hustenanfall –
Und verschütte das Bier
Mit meinem Schwert
Auf deine Augen
Auf den brünetten Teint.

DIE WELT

Gute Nacht denn.

NÄCHSTE SZENE

DER TRAUM

Dinge in Verwirrung,

Liebe als Grundlage
Als Qual empfunden.
Da hilft nichts mehr,
O Weh, o weh, o weh.
Kommt es zum Identitätszweifel
Als Störung der Ordnung,
Das unterste zuoberst geht.
Ungeliebt zu lieben?
Wenn Treue Treue tötet,
Schmerz noch lustvoll zu genießen,
Zur grotesken Farce werden.
Diese komische Welt,
Ein krauses Potpourri,
Mehr hergibt als ein Traum,
Wenn auch nicht ganz mit Erfolg.
Hier ist mein Bett,
Gib mir jenen Knaben!

DER MUND

Du vergeudest deine Leidenschaft
Bei seinem Anblick,
Das verspreche ich dir.

DER TRAUM

Diese Beleidigung!
Genug, genug, mein Herr;
Ich bitte euch!

Der Tradition des Narren,
Wenn ihr mich auch verspottet,
Überwältigt, zermalmt, beschließt, tötet.
Keine weiteren Worte!
Ich warne dich;
Das sollst du teuer bezahlen,
Denn ich merke
Mein Gesicht nicht mehr.
Und doch,
Ich möchte wissen
Auf der zweiten Bedeutungsebene,
Wie kann es sein? O
    DER MUND
Ich blicke ihn finster an,
Es ist nichts von ihm zu hören.
Zunge, kein Wort
Und Ritterlichkeit
Mit bleiernen Beinen
Rechts und links,
Du bist ein schwächlicher Mann.
    DER TRAUM
Wenn ich mein Gesicht verbergen darf?
Ich muss zum Friseur
Mit deiner Zustimmung
Und alles soll wieder gut sein.

NÄCHSTE SZENE

DIE ZEIT

Ich kenne einen,
Einen Reizenden.
Ein höchst Liebenswerter!
Dieser Bursche nimmt es nicht sehr genau.
Ich erinnere mich.
Bist du nicht der?

DER TAU

Nein, nein, ich bin
Aus dem Reich der Poesie selbst,
Geistreich witzig,
Heiter und Tragisch,
Ganz ungewöhnlich reich,
Scheint mir
Unglaubliche Wandlungsfähigkeit,
Denn ich bin krank
Oder falsch aufgepropft.

NÄCHSTE SZENE

DIE NACHT

Die hochsommerliche Hitze.
Er schläft.

DIE WELT

Mondschein-Vergnügungen,
Gestank duftet süß,
Solcher Liebeswahn in einem Augenblick
Hält seine Finger hoch.

DIE NACHT

Nicht ganz so weit
Und durch dieses Löchlein.

DIE WELT

Wo verbirgst du deinen Kopf?
Ich will hier auf und ab
Den Liebespfeil so kraftvoll...
Aber auch eine Kanone...

DIE NACHT

Durchbohrt werden!
Schüchternheit
Bei unverhärteter Jugend?

DIE WELT

Oder ich will dich
Dich mit der Rute schlagen,
Mutwillig
Weiter und weiter.

DIE NACHT

Tränenstürme.
Lass mich los!

DIE WELT

Ich sage, ich liebe dich mehr...

DIE NACHT

Sprich nicht so!

DIE WELT

Fehler meinerseits.

DIE NACHT

Wenn ich schön wäre...
Eine Nachtigall wäre.
Weh mir!
Unwürdig wie ich
Wurm oder Schnecke –
Aus Furcht
Die Wahrheit zu sagen.

DIE WELT

Ehe ich gehe:
Ich liebe dich; bei meinem Leben
Mit der Inbrunst
Mit harten Worten.
Du treibst mich
Auf Biegen und Brechen
In die verzwickten Labyrinthe
Den ganzen Tag.

DIE NACHT

Und es ist nichts.

Formen der Liebe
Zum falschen Zweck verwendet.
Es ist nicht möglich, dass er nur mein sei.
Und jetzt fällt mir ein
Wie klein ich bin.
Manchmal will ich ein Pferd
Gegen eine Taube tauschen.

NÄCHSTE SZENE

DIE ZEIT

Mit deiner Melodie,
Deine Macht über mich
In meiner Kindheit.
Die Schlacht mit dem
Willen meines Vaters
Von böser Vorbedeutung.
In den Augen eines
Abscheulichen Narren.
Ich werde von dir fortlaufen.
Mit welcher Kunst?
Durch welche Kraft?
Es ist nicht möglich,
Das befürchte ich.
Formen der Verrücktheit

Mit grausamer Pein auswendig gelernt.
Der andere schreit
Nach seiner Männerrolle.
Lasst ihn nochmal
Zum Fluchen,
Denn spiegelt sich dort die groteske Seite.
Du sprichst nicht, wie du denkst,
Mein eigen und doch nicht mein.
Prüfe dein Blut genau!
Hass?
Nein, mein Herr,
Ich irrte mich!
Der Mann tut mir Leid.
Erdolcht sich.

NÄCHSTE SZENE

DER TAU
Zeit verkürzen.
Nacht und Schweigen.
Nennst du mich schön
Dem Augenschein nach.
Der eine sieht mehr
Als Nachtkerzen,
Sieht so hell.

Warum suchst du mich?
Willst du mich im Dunkeln allein lassen?

    DIE NACHT
Bis Tagesanbruch
Und so weit...
Ruhe, für einen Augenblick!
Echo im Zusammenklang belauschen,
Einen süßen Donner gehört.
Und wir Elfen
Wollen nichts davon...

NÄCHSTE SZENE

    DER MUND
Dann ist da noch eine andere Sache.
Sieh, wenn ich dir schwöre:
Im kostbarsten Buch
Ist kein Wort.
Ganze Wahrheit!
Die Widersprüchlichkeit der Stelle
Begreift den Sinn.
Die Phantasie hilft nach,
Um den Verstand zu bringen,
Bedeutung in der Schwebe zu lassen,
Gänzlich ausgeliefert,

Nur zu sehr bewusst
Ertragen zu können.

DER TRAUM

Du hast ihr Gedichte gegeben.
Schön, muss ich sagen.

DER MUND

„Bleib stehen,
wenn ich dich nicht sehe.
Deine Augen sind
Zuvor milchweiß,
So totenbleich, so schrecklich.
Die Verwandlung in einen Lorbeerbaum.
Der Fuchs trägt die Gans weg,
Die Taube verfolgt den Greif."
Was sagst du dazu?

DER TRAUM

Ich verstehe nicht, was du damit meinst.
Eine Natter tat es
Liebeskrank?
Was du siehst, wenn du erwachst,
Wenn du es wagst
Du Feigling.

DER MUND

Nein, nein, du musst
Immer treu sein,

Doch die größte Lust habe ich
Mann für Mann.
Meine Liebe ist größer als
Ihr einziges Daseinsrecht.
Mein Anstand und mein Stolz
Mit bitteren Verunglimpfungen
Im Schmerz darniederliegt.
Mich loszulassen,
Das ist das wahre Beginnen.
Die Hörner auf meinem Kopf,
So weit man gehen kann.

NÄCHSTE SZENE

DIE WELT
Ein Herz, ein Bett,
Was hindert dich
Das zu genießen?
DIE SONNE
Gut, ich will es,
Das will ich tun,
Hier heute Nacht.
Musik herbei, Musik,
Gut so soll es sein!

DIE WELT

Wer ist hier?

Warum das?

Welche Liebe?

Ich küsse das Loch!

DIE NACHT

Fürwahr, das tust du so

In dieser kopflosen Furcht.

DIE WELT

So unhöflich.

Mich hassen?

Warum bist du

Nicht zu begreifen

Wie ich einmal

Zu Anfang des letzten Jahrhunderts.

DIE SONNE

Hol mir die Blume

Deiner Jungfräuligkeit.

Auf der Stelle

Findest du echtes Vergnügen,

Das beste im Animalischen.

Vorübergehende verrückte Verwirrung.

So bin ich, da ich jung bin.

Die Liebe sieht nicht

Wie schön du bist,

Zur Reife gelangt,
Schneller als der Wind durch den Wald...

DIE WELT

Wann habe ich diesen Hohn von dir verdient?
Wenn ich das mache,
Den tiefsten Ekel
Bei jeder Wendung.
Dieses falsche Vergnügen.
Mischung und Zusammensetzung,
Die Exaltiertheit des Affekts.
Nie so müde, nie so voll Schmerz!
Und ich will
Wie ein Kind
Vor Zorn die ganze Luft
Mit Senf servieren!

NÄCHSTE SZENE

DIE ZEIT

Was dich betrifft,
Sing noch einmal.
Dein edler Charakter
Lebt und stirbt,
Nicht wahr?
Ich weiss nicht.

Meine Vorzüge,
Warum laufen sie davon,
Alle ohne Ausnahme.
Luftiges Nichts –
Ja, bei meinem Leben!
Nein, bei meiner Seele!
Tritt zur Seite
Ins Wanken gerät.
So sterb ich, so, so, so,
Auch zu lang, was es langwierig macht.

    Erdolcht sich

NÄCHSTE SZENE

DIE WELT
Warum kommst du nicht?
DIE NACHT
Ich konnte sehen
Mit meinen Augen einen Blick hindurchwerfen,
Dass ich dich nicht liebe.
DER MUND
Ein guter Entschluss
DIE WELT
Nun denn,
Scher dich weg...

DIE SONNE

Und wir wollen so spielen
Wie wir hier stehen.
Jetzt sind wir, du und ich
Für uns genommen,
Beide so leicht
In dir verbunden.

DIE ZEIT

Kann ich dich zwingen
Übertrieben zu werden?
Denn die demutsvolle Geste,
Die dieser Zauber besitzt
Auf einem Stengel geformt,
Spitze des Blasebalgs.

DIE WELT

An den Augen eines feurigen Glühwurms
Scheint der Mond in der Nacht
In die Hände eines Mannes.

DIE SONNE

Ihr wilden Furien. O
Meine Kirschlippen haben
Oh wie reif
Durch den Hals
Mit blutigem Maul
Durch die Fensteröffnung

Unter Tränen
Bis zu meinem Tode,
Nein, wahrhaftig,
Seite an Seite mit dir
Höchst frischer Jüngling,
Mein zartes Küken
Mit borstigem Haar,
Meine Liebe, mein Leben, meine Seele,
Schwöre ich
Und durchs Feuer will ich gehen
Und...

...
Schläfst du, mein Liebster?

DER MUND

Mein Traum war
Etwas Unanständiges.
Diese Lilienlippen,
Wahnvorstellungen,
Und du kannst so zart sprechen.
Du bist mein Liebster, denke ich.
Ich will sofort bei dir sein
In vierzig Minuten,
Wo du und ich
Verhältnismäßig selten sind,
Dort will ich auf dich warten.

...

Wo bist du?

Schwer zu vereinbarende Verbindung,

Will deine Augen bezaubern,

So sanft brüllen,

Um mich nie wieder zu sehen!

Bin unsichtbar,

Wenn unsere Hände

Verstrichen sind.

Kommt, Tränen,

Alles, was ich euch sagen will:

Hier bin ich,

Lasst mich gehen!

Könnt ihr mich nicht hassen?

Verachtet mich!

Fragen und Zweifel,

Für welche Rolle ich bestimmt bin.

Die ganze Welt

Verwechselt mich manchmal.

DIE NACHT

Du würdest am besten daran tun,

Das romantische Verständnis

Anmutiger zu machen,

Oder dich

Nur als Darstellung,
Als Form zu belassen.

LETZTE SZENE

DER TAU
Zuletzt singt euer Lied auswendig,
Esst keine Zwiebeln mehr oder
Pfui, pfui!
Füttert ihn mit Aprikosen.
Willige Knaben im Spiel,
Beide ein Lied zwitschernd.
Liebliche Beeren,
Auf dem feuchten und
In den frischen Schoß
Mit der kleinen Flöte.
Mir scheint,
Durch Feuer
Lüge ich nicht,
Denn wir sollen süßen Atem von uns geben
Für dämonische Geister.
Jetzt tritt der Mond zwischen diese Beiden.
Der Bruder ist die Sonne
Keinen Epilog, ich bitte euch!

DIE ZEIT

Wenn die End-Ursache in die Gegenwart fällt,
Du dunkle Nacht,
Oh wie ich dich liebe!
Verstimmt und traurig
Bin ich dir immer treu.
Doch damit gut.
     Erdolcht sich
Doch leb Wohl;
Leb wohl.

Julius Kirchner
Verlag: BoD · Books on Demand GmbH, In de Tarpen 42,
22848 Norderstedt
Druck: Libri Plureos GmbH, Friedensallee 273, 22763 Hamburg
ISBN: 978-3-7597-9976-0

Erste Auflage
Berlin, November 2024